Inhalt

Nichtraucher contra Raucher - Arbeitgeber zwischen den Fronten?

Kernthesen

Beitrag

Fallbeispiele

Weiterführende Literatur

Impressum

GENIOS WirtschaftsWissen Nr. 10/2006 vom 05.10.2006

Nichtraucher contra Raucher - Arbeitgeber zwischen den Fronten?

M.Reiner

Kernthesen

- Die Debatte um den Nichtraucherschutz entfacht heftige Diskussionen in deutschen Betrieben. (1), (13)
- Arbeitgeber sind in der Verpflichtung, die Mitarbeiter vor dem Passivrauchen zu schützen und entsprechende Maßnahmen zu ergreifen. (1), (2)
- Um Streit und ein feindliches Arbeitsklima in der Belegschaft zu vermeiden, sind klare Regelungen seitens des Arbeitgebers gefragt. (1), (3), (5)

Beitrag

Im Zuge der neuen Debatte um den Schutz von Nichtrauchern scheiden sich die Geister in deutschen Büros: Während Nichtraucher für ein rauchfreies Arbeitsumfeld plädieren, möchten die Raucher nicht auf den blauen Dunst verzichten. Häufig eskalieren derartige Situationen zum Dauerstreit in der Belegschaft. Spätestens dann ist der Eingriff vom Arbeitgeber und der Personalvertretung gefragt. Doch wie meistert man den Spagat zwischen den Fronten?

Wer ist verantwortlich?

Nichtraucherschutz am Arbeitsplatz ist in Deutschland schon seit 2002/2004 durch die Arbeitsstättenverordnung (ArbStättV) und das Arbeitsschutzgesetz (ArbSchG) rechtlich verankert. Der Arbeitgeber ist entsprechend seiner Fürsorgepflicht aufgerufen, den Angestellten vor dem Passivrauchen zu schützen und bei Rauchbelästigung entsprechende Gegenmaßnahmen zu treffen. Angestellte haben ein Recht auf einen rauchfreien Arbeitsplatz, unabhängig davon, ob sie diesen einfordern oder nicht. (1)

Arbeitgeber zwischen den Fronten - Regelungen in der Praxis

In vielen Fällen überlassen die Arbeitgeber es komplett den Angestellten, sich über die Raucherfrage zu einigen. Das geht so lange gut, bis erste Beschwerden das friedliche Klima trüben. Denn wenn sich die Raucher trotz Widerspruch der nichtrauchenden Kollegen weigern, das Rauchen im Betrieb zu unterlassen, ist der Arbeitgeber genötigt, Regelungen zu finden und gegebenenfalls ein Machtwort zu sprechen. (1), (3), (7), (8)

Radikallösung: komplettes Rauchverbot

In bestimmen Branchen ist ein komplettes Rauchverbot schon lange Usus. So in Berufen mit explosions- und brandgefährdeten Bereichen, wie z.B. an Tankstellen oder Betrieben der Holz- oder chemischen Industrie. Ein Arbeitgeber kann jedoch auch ein striktes Rauchverbot verhängen, wenn keine Gefahren vorliegen und die Nichtraucher dies nicht einfordern. (1)

Räumliche Trennung von Rauchern und Nichtrauchern

Die Trennung von Rauchern und Nichtrauchern in verschiedene Räume scheint auf den ersten Blick eine praktikable Lösung zu sein. Zu beachten ist allerdings, dass die Büros bei Umluftbetrieb nicht an der gleichen Lüftungsanlage hängen sollten, da der Rauch sonst in die Nichtraucherbüros dringt. Nachteilig kann sich eine solche Trennung auf die Kommunikation zwischen Angestellten auswirken, die aufgrund ihrer Arbeitsbereiche im gleichen Raum arbeiten sollten. (1), (6)

Raucherzonen

Eine für beide Seiten meist akzeptable Lösung ist die Einrichtung von klar definierten Raucherzonen. Diese sollten so geschaffen sein, dass sich der Rauch nicht ungehindert im Büro verbreiten kann. Außerdem sollten sie mit einem Waschbecken ausgestattet sein, insofern das Personal Kontakt zu Gefahrenstoffen hat. Auch in der Kantine, bei Tagungen und im Dienstauto müssen klare Regelungen getroffen werden: wo darf geraucht werden, wo nicht? Eindeutige Vorschriften sind nötig, damit Mitarbeiter sich nach ihnen richten können.

Umstritten ist es, die Raucher vor die Eingangstüre zu verbannen. Bei niedrigen Temperaturen stehen Erkältungen an der Tagesordnung. Außerdem geben Mitarbeiter, die rauchend vor der Türe stehen, ein schlechtes Image bei Kunden und Besuchern ab. (1), (5), (3), (7), (8)

Ausgleichende Gerechtigkeit - Müssen Raucher künftig zahlen?

Rauchpausen dienen der Kommunikation zwischen den Mitarbeitern und fördern das Arbeitsklima. Dennoch sind sie vielen Vorgesetzten ein Dorn im Auge, da in dieser Zeit nicht gearbeitet wird. Immer mehr Firmen bestehen deshalb darauf, dass Mitarbeiter die durch Rauchpausen verlorene Arbeitszeit nachholen. Auch die Kärntner Wirtschaftskammer plädiert seit Neuestem für einen Lohnabzug bei Rauchpausen.

Für die Nichtrauchenden Kollegen sind die Raucherpausen außerdem eine zusätzliche Belastung, da sie in dieser Zeit Aufgaben ihrer Kollegen, wie z.B. Telefongespräche, übernehmen müssen. (5), (7), (10)

Das Problem an der Wurzel packen - Raucherentwöhnung

Manche Unternehmen, wie zum Beispiel Beiersdorf, gehen einen Schritt weiter und packen das Problem bei den Wurzeln. Sie bieten der rauchenden Belegschaft Programme zur Raucherentwöhnung an. Im Rahmen der betrieblichen Gesundheitsförderung gibt es hierzu zahlreiche Angebote, die durch die Krankenkasse, die Arbeitsschutzbehörde oder die jeweilige Berufsgenossenschaft unterstützt werden. (1), (3)

Fallbeispiele

Raucherparadies Deutschland: Währen hierzulande ein Rauchverbot am Arbeitsplatz gesetzlich noch nicht verankert wurde, gibt es in anderen Ländern klare Vorschriften. Rauchverbote am Arbeitsplatz herrschen in Irland, Spanien, den Niederlanden, Finnland, Schottland, Mazedonien, Portugal, Tschechien und Norwegen. (2), (9), (10)

Lohnabzug wegen Rauchens: lautete eine Empfehlung

der Kärntner Wirtschaftskammer an österreichische Unternehmen und hat damit eine heftige Diskussion ausgelöst. Hintergrund ist, dass Raucher die Unternehmen aufgrund der häufigen Arbeitspausen bares Geld kosten und der Wirtschaft schaden. Außerdem, so wird argumentiert, müssten andere Mitarbeiter in dieser Zeit Mehrarbeit verrichten. (5)

Rauchen als Einstellungskriterium: Die Stellenanzeige eines irischen Call Centers hat auch in Deutschland Wirbel verursacht. Die Firma hat in der Anzeige ausdrücklich darauf hingewiesen, dass keine Raucher eingestellt werden. Die Zulässigkeit einer solchen Formulierung wurde von der EU-Kommission bestätigt. Dies widerspreche nicht dem geltenden Antidiskriminierungsgesetz. In Deutschland hat daraufhin auch die Bundesregierung Stellungnahme bezogen. Arbeitgebern sei es demnach erlaubt, Raucher bei der Stellenvergabe abzulehnen. Ob Jobsuchende beim Vorstellungsgespräch auf die Frage nach dem Rauchverhalten antworten müssen, ist im Moment unklar. Erst wenn es zur ersten Klage kommt, wird der Richterspruch wegweisend sein. (4), (11), (12)

Ein ausgeklügeltes Lüftungssystem namens "smoke & talk" soll die Lösung aller Probleme zwischen Nichtrauchern und Rauchern sein. Verpackt in ein elegantes Design erfasst die Anlage den Rauch bis in den kleinsten Winkel und saugt ihn ab. Selbst die Aschenbecher sind mit dem System verbunden und sondern keinen lästigen Geruch ab. Garantiert rauchfreie Luft soll das Ergebnis sein. Weitere Infos gibt es unter: www.smokeandtalk.com oder bei der Firma Asecos 06051/92200. (6)

Raucherkrieg bei der Hamburg-Mannheimer: Verhärtete Fronten zwischen den Angestellten sowie dem Arbeitgeber und Betriebsrat herrschen bei dem Versicherungskonzern. Nachdem der Arbeitgeber auf Drängen der Belegschaft und nach Einschaltung des Amtes für Arbeitsschutz ein Rauchverbot im Betrieb verhängt hatte, ohne sich vorher mit der Personalvertretung abzusprechen, hat diese aus Prinzip ein Veto eingelegt. Die Folge war, dass der Arbeitgeber zum Leidwesen der Angestellten sein Verbot zurücknehmen musste. (3)

Maßnahmen zum Nichtraucherschutz in deutschen Unternehmen:
- Beiersdorf setzt auf getrennte Pausenräume. Außerdem bietet die hauseigenen Abteilung Gesundheitsförderung Nichtraucherkurse an.
- Philips hat in den Großraumbüros ein Rauchverbot verhängt. Eine Raucherzone gibt es im zweiten Stock.
- Die Lebkuchenfabrik Pulsnitz zieht ihren Mitarbeitern die Raucherpausen von der Arbeitszeit ab.

- Rauchverbot herrscht im Call Center Elstra, da sich Kunden auch am Telefon durch rauchende Gesprächspartner gestört fühlen könnten und der Arbeitgeber außerdem jedes Krankheitsrisiko in der Belegschaft ausschließen möchte.
- 2007 will die Sparkasse Dinslaken-Voerde-Hünxe ein generelles Rauchverbot aushängen. Die Regelung gilt für Mitarbeiter und Kunden gleichermaßen.
- Aktive Raucherentwöhnung praktizierte die Sparkasse Esslingen-Nürtingen. Mit der Anmeldung beim Programm "Rauchfrei 2004" verpflichteten sich die Raucher, vier Wochen lang auf den blauen Dunst zu verzichten. (3), (7), (8), (13)

Weiterführende Literatur

(1) Praktische Hinweise für Arbeitgeber Nichtraucherschutz am Arbeitsplatz
aus Arbeit und Arbeitsrecht, Heft 5/2006, S. 284-285

(2) Abel, Reimund, Für Raucher wird's immer enger. Griff zur Zigarette häufig verboten - Deutschland bildet Ausnahme, Stuttgarter Nachrichten vom 27.5.2006, Seite 8
aus Arbeit und Arbeitsrecht, Heft 5/2006, S. 284-285

(3) Raucherkrieg am Arbeitsplatz
aus Hamburger Morgenpost vom 07.04.2006 Seite 1-8-9

(4) "Rauchen Sie?" - Abgelehnt
aus Süddeutsche Zeitung, 09.08.2006, Ausgabe Deutschland, S. 6

(5) Ganster, Martin, Teure Rauchpause - Kärntner Wirtschaftskammer, ATV Aktuell vom 16.8.2006
aus Süddeutsche Zeitung, 09.08.2006, Ausgabe Deutschland, S. 6

(6) Parkplatz für Raucher
aus BUM BETRIEB & meister, Heft 8, 2006, S. 35

(7) Blauer Dunst im Abseits
aus Sächsische Zeitung vom 31.05.2006 Seite 13

(8) Nichtraucherschutz am Arbeitsplatz Am Anfang steht oft des Lasters Ende
aus Die SparkassenZeitung, 05.01.2006, Nr. 01, S. 16

(9) Der Nebel am Arbeitsplatz lichtet sich Viele Länder dulden das Rauchen nicht mehr
aus MAINPOST Ausgabe vom 29.08.2006

(10) Verschwendung von Arbeitszeit: Raucher müssen nacharbeiten
aus PC-Welt Online, Meldung vom 18.08.2006

(11) Hobby: Rauchen // Arbeitgeber dürfen Raucher bei der Jobsuche benachteiligen - im Bewerbungsgespräch ist Lügen erlaubt
aus Der Tagesspiegel Nr. 19275 VOM 09.08.2006 SEITE 002

(12) Die Diskriminierung von Rauchern ist rechtlich bedenklich
aus Frankfurter Allgemeine Zeitung, 09.08.2006, Nr. 183, S. 11

(13) Kündigungsgrund Zigarette?
aus Rheinische Post Nr. vom 09.08.2006

(14) Rauchverbot Kein Schutz für Raucher Gleichbehandlungsgesetz verhindert Diskriminierung nicht - Immer mehr Abgeordnete für Verbote
aus DIE WELT, 08.08.2006, Nr. 183, S. 2

Impressum

Nichtraucher contra Raucher - Arbeitgeber zwischen den Fronten?

Bibliografische Information der deutschen Nationalbibliothek

Die Deutsche Nationalbibliothek verzeichnet diese Publikation in der deutschen Nationalbibliografie; detaillierte bibliografische Daten sind im Internet über http://dnb.d-nb.de abrufbar.

ISBN: 978-3-7379-0908-2

© 2015 GBI-Genios Deutsche Wirtschaftsdatenbank GmbH, Freischützstraße 96, 81927 München, www.genios.de

Alle Rechte vorbehalten. Dieses Werk ist einschließlich aller seiner Teile – z.B. Texte, Tabellen und Grafiken - urheberrechtlich geschützt. Jede Verwertung außerhalb der Grenzen des Urheberrechtsgesetzes bedarf der vorherigen Zustimmung des Verlags. Dies gilt insbesondere auch für auszugsweise Nachdrucke, fotomechanische

Vervielfältigungen (Fotokopie/Mikroskopie), Übersetzungen, Auswertungen durch Datenbanken oder ähnliche Einrichtungen und die Einspeicherung und Verarbeitung in elektronischen Systemen.